Die Gewerbeanmeldung von digitalen Selbständigen, Freelancern und Nomaden in Deutschland

Ein Ratgeber für Einzelunternehmer[1]

2. Auflage 2017

von Dr. Ronald Kandelhard,
Rechtsanwalt und Mediator,
Fachanwalt für Handels- und Gesellschaftsrecht

Herausgegeben von der
Paragraf7 ICS UG (haftungsbeschränkt) & Co KG
Riensberger Str. 39
28213 Bremen
mail@paragraf7.de

---

[1] Da Kapitalgesellschaften wie die GmbH (also auch die UG) und die AG sog. Formkaufleute sind, sind diese immer gewerblich tätig und erzielen gewerbliche Einkünfte.; Schmidt-Wacker, EStG, 33. Aufl. 2014, § 18 Rn. 52, 54; für diese gelten die beschriebenen Vorteile also nicht.

Inhaltsverzeichnis

I.. Vorwort

Unter digitalen Selbständigen, Freelancern und Nomaden ist die Auffassung weit verbreitet, dass der erste formale Schritt in die Selbständigkeit die Anzeige eines Gewerbes beim Gewerbeaufsichtsamt ist. Das ist – soviel sei vorweg genommen – für viele digitale Selbständige, Freelancer und Nomaden unrichtig. Problematisch ist, dass eine Gewerbeanzeige, die an sich nicht notwendig war, diverse *nachteilige* Rechtsfolgen nach sich ziehen kann. Dadurch entstehen wenigstens unnötige Kosten von 20 bis 200 Euro jährlich[2], je nach persönlichem Umsatz, können aber auch vier- oder gar fünfstellige Verluste auftreten[3].

---

[2] Das sind die Kosten, die für die auf die Gewerbeanzeige zwingend folgende Zwangsmitgliedschaft in der IHK wenigstens entstehen. Die Kosten sind von Bundesland zu Bundesland verschieden.
[3] Durch erhöhte Buchhaltungskosten und vor allem unnötige Steuerlasten.

Wie bei rechtlichen Rahmenbedingungen häufig, gibt es aber leider keine einfache Antwort darauf, wann eine Gewerbeanzeige erforderlich ist und wann nicht. Es kommt auf die Umstände des Einzelfalls an, die im Folgenden dargestellt werden, damit Du für Dich die bestmögliche Entscheidung treffen kannst.

Beachte: Wer anerkannter Freiberufler ist oder in jedem Fall gewerblich tätig, braucht die Einzelheiten über Freiberufler nicht so genau lesen. Für alle, für die die Vorteile der Freiberuflichkeit, die im Folgenden geschildert werden (dazu gleich zu III.), in Betracht kommen, ist wichtig, zu verstehen, wodurch Freiberufler gekennzeichnet werden. Nur dann ist eine erfolgversprechende Steueranmeldung möglich.

II. Die Gewerbeanmeldung

1. Spoiler

Die Anmeldung eines Gewerbes bei einem deutschen Gewerbeaufsichts- oder Finanzamt muss gut überlegt werden. In wie weit dies rechtlich erforderlich oder sinnvoll ist, ist von den individuellen Umständen bei jedem digitalen Selbständigen abhängig. Ortsunabhängig arbeitende Selbständige, insbesondere digitale Nomaden können unter Umständen auch von unterwegs oder aus dem Ausland ihrer Tätigkeit nachgehen. Ohne *Einzelberatung* sind die folgenden Ausführungen daher nur für die digitalen Selbständigen uneingeschränkt relevant, die überwiegend in Deutschland tätig sind und/oder für ihre Rechnungen gegenüber deutschen Kunden eine deutsche Steuernummer benötigen (wobei eine europäische Steuernummer aber in jedem Fall ausreicht).

2. Zweck des Gewerberechts

Ein erster Hinweis auf eine fehlende Pflicht, eine digitale Selbständigkeit anzuzeigen, ergibt sich bereits aus dem Zweck des Gewerberechts. Die Gewerbeordnung (GewO) soll eine staatliche Kontrolle der Gewerbetätigkeit ermöglichen. Aufgrund der im Grundgesetz gewährleisteten Gewerbefreiheit gilt für die meisten gewerblichen Tätigkeiten aber, dass eine Genehmigung nicht erforderlich ist. Dennoch, ähnlich wie sich Privatpersonen beim Einwohnermeldeamt anmelden müssen, ist eine Anzeige des Gewerbes vorgeschrieben. Durch die Anzeige sollen die staatlichen Stellen darüber informiert werden, an welcher Stelle das Gewerbe ausgeübt wird, damit in der Folge die *Einhaltung öffentlicher Vorschriften* überprüft werden kann. Dabei kann es um bauliche Anforderungen (Zugänge, Arbeitsschutz, Gästetoiletten etc.), berufliche Qualifikationen (Zuverlässigkeit etwa des Finanzvermittlers gem. § 34f GewO) und besondere Anforderungen (etwa beim Glücksspielgewerbe) gehen. Leicht zu erkennen: Alles Anforderungen, die für digitale Tätigkeiten selten praktisch relevant sind.

4. Stehendes Gewerbe

Dementsprechend sieht § 14 GewO auch nur die Anzeige eines *stehenden Gewerbes* vor und über ein solches verfügt jedenfalls ein digitaler Nomade bereits definitionsgemäß nicht. Auch andere ortsunabhängige Selbständige verfügen vielfach nicht über eine feste Büroorganisation. Damit ist eine Gewerbeanzeige für ortsunabhängige Selbständige aber nicht von vornherein ausgeschlossen.

Denn die Rechtsprechung stellt an das „Stehen" eines Gewerbes keine besondere Anforderung. Darunter sollen alle Gewerbe zu verstehen sein, die nicht Reisegewerbe gem. § 55 GewO oder Messetätigkeit gem. §§ 64ff. GewO sind[4]. Für eine Gewerbeanzeige ist noch nicht einmal ein *inländischer Wohnsitz* erforderlich[5].

Scheint es damit, als sei doch eine Gewerbeanzeige erforderlich, wird dem entgegenstehend dann aber doch gefordert, dass ein „gewerblicher Mittelpunkt", also eine mit einer gewissen *Einrichtung* versehene gewerbliche Tätigkeit vor Ort erforderlich ist (etwa längere Montagetätigkeit mit Baustelleneinrichtung). Dafür soll die Anbringung eines Briefkastens jedoch nicht ausreichend sein[6]. Damit wird deutlich: Nicht nur hier scheint die digitale Realität noch nicht in den deutschen Amtsstuben angekommen zu sein.

---

[4] Tettinger/Wank/Ennuschat-Ennuschat, GewO, 8. Aufl. 2011, § 14 Rn. 12.
[5] Tettinger/Wank/Ennuschat-Ennuschat, § 14 RN. 12, m.w.Nachw.
[6] BayVGH, GewArchiv 1979, 96; Tettinger/Wank/Ennuschat-Ennuschat, § 14 Rn. 129.

Von daher ist eine Gewerbeanzeige eindeutig nur erforderlich, wenn in Deutschland eine gewerbliche Tätigkeit ausgeübt wird und diese wenigstens in Bezug auf einen geringfügigen Verkaufs-, Büro-, Lager- oder Produktionsbetrieb in Deutschland *verfasst* ist. Wer nur aus dem Ausland digital Leistungen in Deutschland erbringt, hat keinen gewerblichen Mittelpunkt in Deutschland und muss deshalb sein Gewerbe nach § 14 GewO nicht anzeigen[7].

Nur digitale Selbständige, die von einem eingerichteten Büro oder Laden arbeiten, sind anzeigepflichtig, wenn sie denn ein Gewerbe betreiben (siehe dazu sogleich III. Freiberufler). Wird die gewerbliche Tätigkeit aber bei einem ortsunabhängigen Selbständigen in Deutschland an immer

---

[7] Im Zweifel wird das Gewerbeaufsichtsamt die Anmeldung nicht zurückweisen, wenn irgendeine deutsche Adresse angegeben wird.

wechselnden Orten (Cafes, Co-Working-Spaces) ausgeübt, ist schon fraglich, wie eine Anzeige möglich sein soll. Denn zuständig ist das Gewerbeamt, an dessen Ort das Gewerbe ausgeübt wird. Fraglich ist nur, wo das z.B. bei einem durch Deutschland wandernden Blogger ist.

Von daher spricht nach dem Zweck des Gewerberechts manches dafür, dass sich an wechselnden Orten tätige Gewerbetreibende nicht anmelden müssen. Es gibt dazu aber bisher keine Gerichtsentscheidung und es scheint auch fraglich, ob diese dann progressiv im Sinne der Ortsunabhängigkeit ausfällt. Von daher sollte sich jeder, der klar Gewerbetreibender und im Wesentlichen in Deutschland aufhältig ist, beim Gewerbeamt anmelden.

5. Reisegewerbe

Daneben gibt es noch die Genehmigung für das Reisegewerbe gem. § 55 GewO. Dies klingt geradezu geschaffen für ortsunabhängige Selbständige oder gar digitale Nomaden und ihre Reiselust. Doch ist auch § 55 GewO eine Norm, die sich an eine eher historische Figur richtet: den Hausierer. Reisegewerbe ist nur, wenn *ohne* vorherige *Bestellung* Waren oder Leistungen angeboten werden. Ohne vorherige Bestellung bedeutet dabei, dass (wie bei Hausierern) vorher mit dem Kunden keine Terminsvereinbarung statt gefunden hat[8]. Daran wird es bei digitalen Nomaden regelmäßig fehlen. Selbst bei einem Online-Shop ist die Bestimmung nicht einschlägig, weil man nicht (wortwörtlich) rumreist und der Kunde den Online-Shop schließlich selbst aufsucht (also auch „bestellt").

6. Rechtsfolgen unterlassener Anmeldung

Wird die Gewerbeanzeige außer Acht gelassen, kann es nach der steuerlichen Anmeldung (siehe dazu V. Steueranmeldung) und einer eventuellen

---

[8] BGH, NJW 1983, 868.

Kontrollmitteilung von Seiten des Finanzamtes zu einer Aufforderung zur Anmeldung des Gewerbes durch die Gemeinde kommen. Nach Informationen von Praktikern aus Bremen und Niedersachsen sollen die (hiesigen) Finanzämter die Gewerbeanzeige aber weder *prüfen* noch fordern.

Das schließt nicht aus, dass es im Einzelfall einer unterlassenen Anzeige zu einem Einschreiten der Gemeinde kommt. Dann regelt $ 146 Abs. II Nr. 2 lit. a) GewO, dass die nicht erfolgte, nicht rechtzeitige, nicht richtige oder nicht vollständige Anzeige mit einer Geldbuße von bis zu 1.000 Euro gem. § 146 III geahndet wird.

Das gilt aber nur, wenn eine Anmeldepflicht besteht, also nicht bei einer Tätigkeit, die keine Einrichtung in Deutschland hat oder lediglich freiberuflich ist. Grade, wenn eine freiberufliche Tätigkeit in Betracht kommt, sollte zunächst die Abklärung mit dem Finanzamt versucht werden. Wenn man von dort als Freiberufler anerkannt wird, ist eine Gewerbeanzeige nicht mehr erforderlich.

Wichtig ist, die Abklärung rechtzeitig zu beginnen. Da auch eine nicht rechtzeitige Anzeige bußgeldbewehrt sein kann, sollte bis dahin die selbständige Tätigkeit noch nicht aufgenommen worden sein. Ansonsten droht ein Bußgeld, wenn Du doch als Gewerbe eingestuft wirst.

Nach wohl verbreiteter Übung bei den Gewerbeämtern kann es zwar sein, dass kein Bußgeld verhängt wird, wenn die Anzeige binnen drei Monaten nach der Aufnahme nachgeholt wird. Doch besteht darauf kein Rechtsanspruch und ist nicht gesichert, dass das für Dich zuständige Gewerbeamt dieser Übung folgt.

Wird doch einmal ein Bußgeld verhängt, gibt es diverse *Verteidigungsstrategien*. So kann die begründete Annahme, Freiberufler zu sein, dem Vorsatz entgegenstehen (was im Regelfall wenigstens zu einem geringeren Bußgeld führen sollte). Unwissenheit mag vor Strafe manchmal doch zu schützen. Soweit es digitale Nomaden anbetrifft, sollten diese gar nicht anmeldepflichtig sein. Selbst wenn die Behörde anderer Auffassung ist, sollte man ein Bußgeld aber nicht akzeptieren. Nach dem Grundsatz „nulla poene sine lege" des Art. 103 II Grundgesetz muss jede (auch nur bußgeldbewehrte) Tat vorher hinreichend klar umschrieben sein, um eine Strafe verhängen zu können. Ein Laie kann aber definitiv nicht annehmen, dass eine, an wechselnden Orten ausgeübte Tätigkeit ein „stehendes" Gewerbe i. S. d. § 14 GewO darstellen soll.

7. Klein- und Nebengewerbe

Gewerberechtlich gleichgültig ist, ob es sich um ein *Kleingewerbe* handelt. Jede nicht-freiberufliche und stationäre auf Dauer angelegte Tätigkeit zur Gewinnerzielung ist gem. § 14 GewO anmeldepflichtig. Der zeitliche Umfang oder der finanzielle Ertrag sind dafür gleichgültig. Kleingewerbe können nur etwa von der Umsatzsteuerpflicht befreit (§ 19 I UStG) sein oder keine Buchführungspflichten (§ 141 AO) haben, ein Gewerbe müssen sie dennoch anmelden.

Gewerberechtlich ebenso unerheblich ist, ob es sich um ein *Nebengewerbe* handelt. Auch dies ist beim Gewerbeamt unter den genannten Voraussetzungen anzumelden. Nebengewerbe kennzeichnet ohnehin eher eine Situation, in der das Gewerbe neben einer angestellten Tätigkeit ausübt wird. Insoweit ist zu beachten, dass eine solche Nebentätigkeit praktisch immer die Information und meistens auch die Genehmigung des Arbeitgebers erfordert, die aber nicht ohne weiteres versagt werden darf.

III. Freiberufler

Hinweis: Du musst die folgenden Ausführungen nicht ganz lesen, schau einfach nach Deiner Tätigkeit unter III. 2. d) und f), sie sind alle fett gedruckt. Noch einfacher ist die Verwendung der Ergebnistabelle in Anhang 1. Für die eigene Antragstellung ist ein gewisses Verständnis jedoch wichtig.

Digitale Selbständige, Freelancer und Nomaden sind ohnehin eher dem freiberuflichen Wirken ähnlich, als echtes Gewerbe. Autoren, Fotografen und Designer sind klassische Dienstleister, die sich beim Finanzamt als Freiberufler anmelden können und als solche nicht der Gewerbeordnung unterliegen. Ich habe auch lange als Autor und Lehrgangsleiter ohne Gewerbe nebenbei gearbeitet. Für Freiberufler ist eine Gewerbeanzeige weder erforderlich noch möglich[9].

1. Vorteile für Freiberufler

Freiberufler sind in dieser und weiteren Hinsich-
ten gegenüber Gewerbetreibenden **privilegiert**:

(1) Sie müssen – wie ausgeführt - kein Gewerbe
anzeigen.

(2) Sie brauchen keine Gewerbesteuer zahlen.

(3) Sie können Ihren Gewinn anders als nach §
141 AO (Abgabenordnung) bilanzierungs-
pflichtige gewerbliche Unternehmen (vor allem bei einem Gewinn von mehr als 50.000
€) auch anhand einer einfachen (und nicht
doppelten[10]) Buchführung mittels einer Ein-

---

[9] Dennoch wird das Gewerbeamt die Anmeldung von sich
aus kaum zurück weisen. Das kann dann sogar gegen Dich
verwandt werden. So wird auch eine Handelsregistereintragung als Indiz für eine gewerbliche Tätigkeit gewertet.
Wer also umsonst ein Gewerbe anmeldet, dem droht der
gleiche Vorhalt.
[10] Buchung gleichzeitig in Soll und Haben, siehe näher etwa
unter: http://de.wikipedia.org/wiki/Buchführung .

nahme-Überschuss-Rechnung ermitteln (einfache Gegenüberstellung von Einnahmen und Ausgaben).

(4) Freiberufler werden (auf formlosen Antrag beim Finanzamt[11]) nach den Ist-Einnahmen und nicht wie bei der für fast alle Gewerbetreibenden geltenden Soll-Besteuerung[12] nach vereinbarten Entgelten zur Umsatzsteuer veranlagt. Die Umsatzsteuer muss daher erst bei tatsächlichem Geldeingang abgeführt werden und nicht etwa schon bei Ausstellen einer Rechnung (was bei spät oder gar nicht zahlenden Kunden erhebliche Liquiditätsengpässe nach sich ziehen kann).

---

[11] Siehe Ziff. 7.8 auf dem Formular Anlage 2.
[12] Siehe dazu näher etwa
http://www.hk24.de/recht_und_steuern/steuerrecht/ums atzsteu-
er_mehrwertsteuer/umsatzsteuer_mehrwertsteuer_nation al/soll_ist_besteuerung/1167724 .

(5) Freiberufler sind nicht Zwangsmitglied einer IHK und sparen auch die insoweit entstehenden Kosten.

(6) Freiberufler können mit anderen Freiberuflern eine Partnerschaftsgesellschaft gründen (eine sich aber eher selten anbietende Rechtsform).

Danach sollte, sofern möglich, eine Stellung als Freiberufler angestrebt werden. Dafür müssen verschiedene Voraussetzungen erfüllt sein:

2. Voraussetzungen

a) Definition
Eine abstrakte Definition des Freiberuflers ist in § 1 Abs. 2 des PartGG (Partnerschaftsgesellschaftsgesetz) enthalten. Dieser lautet:

„Die Freien Berufe haben im allgemeinen auf der Grundlage besonderer beruflicher Qualifikation oder schöpferischer Begabung die persönliche, eigenverantwortliche und fachlich unabhängige Erbringung von Dienstleistungen höherer Art im Interesse der Auftraggeber und der Allgemeinheit zum Inhalt. Ausübung eines Freien Berufs im Sinne dieses Gesetzes ist die selbständige Berufstätigkeit der Ärzte, Zahnärzte, Tierärzte, Heilpraktiker, Krankengymnasten, Hebammen, Heilmasseure, Diplom-Psychologen, Mitglieder der Rechtsanwaltskammern, Patentanwälte, Wirtschaftsprüfer, Steuerberater, beratenden Volks- und Betriebswirte, vereidigten Buchprüfer (vereidigte Buchrevisoren), Steuerbevollmächtigten, Ingenieure, Architekten, Handelschemiker, Lotsen, hauptberuflichen Sachverständigen, Journalisten, Bildberichterstatter, Dolmetscher, Übersetzer und ähnlicher Berufe sowie der Wissenschaftler, Künstler, Schriftsteller, Lehrer und Erzieher."

Klassische Freiberufler sind danach vor allem die Berufsgruppen, die einen über die Gewinnerzielung hinausgehenden Zweck verfolgen (z. B. Gesundheitspflege bei Ärzten oder Rechtspflege bei Rechtsanwälten) und die üblicherweise ein eigenes Standesrecht und oft sogar eine staatliche Vergütungsregelung haben (z. B. RVG für Anwälte, GOÄ für Ärzte oder HOAI für Architekten und Ingenieure). Angehöriger dieser Berufe sind – zumindest in Ihrem klassischen Berufsbild – aber selten digitale Selbständige, Freelancer oder Nomaden.

Jedoch zeigen die weiteren Beispiele in der Norm bereits auf, dass sich der Anwendungsbereich keinesfalls auf die klassischen Berufsbilder beschränkt.

Erforderlich ist danach zunächst einmal, dass es sich um höhere Dienste handelt, die von einer besonderen beruflichen Qualifikation oder schöpferischer Begabung getragen werden. Für die erforderliche Qualifikation bedarf es einer höheren Ausbildung, in der Regel einem Hochschulabschluss. Es reichen aber auch verschiedene Lehrgänge, wie etwa bei Sachverständigen oder sonstige – in der Regel, aber nicht zwingend anerkannte – Qualifikationen. Dies dürfte auf viele digitale Selbständige zutreffen.

Weiteres Erfordernis ist, dass es sich um eine persönliche (also keine Angestellte, es sei denn, sie sind gleich qualifiziert oder nur Vorbereiter oder Helfer), eigenverantwortliche und fachlich unabhängige Leistungserbringung handelt. Auch dies dürfte bei digitalen Selbständigen häufig erfüllt sein[13].

---

[13] Nicht in § 1 PartGG enthalten, aber ohnehin schwierig abzugrenzen ist, dass für freie Berufe jedenfalls typisch ist, dass für sie ein wert-/tätigkeitsbezogenes Entgelt im Gegensatz zu einem Erfolgshonorar gezahlt wird, BVerfG,

Merke: Dennoch gibt es keine fest stehende Definition der Freiberufler[14]. Weil es sich um eine historisch gewachsene Gruppe handelt, wird sie nur aus der Ähnlichkeit zu den klassischen freiberuflichen Berufen gebildet. Es kommt also bei neuen Berufen, wie insbesondere den digitalen Berufen, immer darauf an, die Ähnlichkeit zu benennen und zu begründen.

Weitere Beispiele finden sich in der steuerrechtlichen Regelung, aus der ohnehin die wesentlichen Vorteile folgen. § 18 Abs. 1 Nr. 1 EStG (Einkommenssteuergesetz) lautet:

„Zu der freiberuflichen Tätigkeit gehören die selbständig ausgeübte wissenschaftliche, künstleri-

---

BStBl. II 1978, 125, 130; Schmidt-Wacker, § 18 Rn. 61, m. w. Nachw.
[14] BVerfG, BStBl. II 1978, 125, 129; Schmidt-Wacker, § 18 Rn. 60, m. w. Nachw.

sche, schriftstellerische, unterrichtende oder erzieherische Tätigkeit, die selbständige Berufstätigkeit der Ärzte, Zahnärzte, Tierärzte, Rechtsanwälte, Notare, Patentanwälte, Vermessungsingenieure, Ingenieure, Architekten, Handelschemiker, Wirtschaftsprüfer, Steuerberater, beratenden Volks- und Betriebswirte, vereidigten Buchprüfer, Steuerbevollmächtigten, Heilpraktiker, Dentisten, Krankengymnasten, Journalisten, Bildberichterstatter, Dolmetscher, Übersetzer, Lotsen und ähnlicher Berufe. Ein Angehöriger eines freien Berufs im Sinne der Sätze 1 und 2 ist auch dann freiberuflich tätig, wenn er sich der Mithilfe fachlich vorgebildeter Arbeitskräfte bedient; Voraussetzung ist, dass er auf Grund eigener Fachkenntnisse leitend und eigenverantwortlich tätig wird. Eine Vertretung im Fall vorübergehender Verhinderung steht der Annahme einer leitenden und eigenverantwortlichen Tätigkeit nicht entgegen".

b) Katalogberufe

Danach unterscheidet man Katalogberufe, katalogähnliche Berufe und sog. Tätigkeitsberufe. Als Katalogberufe weist das Bundesministerium der Wirtschaft[15] auf vier Berufsgruppen hin:

1 **Heilberufe:** Ärzte, Zahnärzte, Tierärzte, Heilpraktiker, Krankengymnasten, Hebammen, Heilmasseure und Diplom-Psychologen.

2 **Rechts-, steuer- und wirtschaftsberatende Berufe:** Rechtsanwälte, Patentanwälte, Notare, Wirtschaftsprüfer, Steuerberater, Steuerbevollmächtigte, beratende Volks- und Betriebswirte und vereidigte Buchprüfer.

3 **Naturwissenschaftliche und technische Berufe:** Vermessungsingenieure, Handelschemiker, Architekten, Lotsen und Sachverständige.

---

[15] http://www.bmwi-wegweiser.de/download/katalogberufe.pdf.

4 **Kulturberufe:** Journalisten, Bildberichterstatter, Dolmetscher, Übersetzer, Wissenschaftler, Künstler, Schriftsteller, Lehrer und Erzieher.

Für die Angehörigen der Katalogberufe ist es relativ einfach, als Freiberufler anerkannt zu werden, selbst wenn Sie Ihre Arbeit im Wesentlichen digitalisiert haben. Ein Beispiel wäre etwa Tim Chimoy von Earthcity.de als Architekt[16] oder der Verfasser als Rechtsanwalt.

Ebenso sollte die Anerkennung versucht werden, wenn eine Katalog-Ausbildung vorliegt, das Wissen aber auf digitale Weise vermittelt wird. Ein Beispiel ist etwa Sebastian Kühn von Wirelesslife.de[17], der seine vielfachen Beratungsartikel und Masterminds vor dem Hintergrund seines Studiums der Betriebswirtschaft als betriebswirtschaftliche Be-

---

[16] Siehe http://www.earthcity.de.
[17] Siehe http://wirelesslife.de.

ratung darstellen kann. Ähnliches dürfte für viele andere digitale Selbständige gelten.

c) Katalogähnliche Berufe

Katalogähnliche Berufe zeichnen sich dadurch aus, dass sie ebenfalls eine höhere Ausbildung voraussetzen und den Katalogberufen ähnlich sind. Bei ihnen prüft das Finanzamt im Einzelfall (bei Abgabe des Formulars gem. **Anhang 2**), ob die Voraussetzungen gegeben sind. Anerkannt wurden etwa **Dirigenten**, **Fotodesigner**, **Programmierer**, **Schauspieler**, **Modedesigner** oder **Werbetexter**. Wiederum Berufe, die unter digitalen Selbständigen verbreitet sind.

d) Tätigkeitsberufe

Da die Entwicklung von Berufen nicht still steht, existiert weiter die Auffanggruppe der Tätigkeitsberufe. Diese zeichnen sich dadurch aus, dass eine wissenschaftliche, künstlerische, schriftstellerische, erzieherische oder unterrichtende Tätigkeit vorliegt.

Wissenschaftlich ist die Lösung einer schwierigen Aufgabe nach streng sachlichen und objektiven Kriterien mittels einer überprüfbaren Methode[18]. Dazu gehören Forschung, angewandte Wissenschaften[19] und Lehre sowie das Erstellen von Gutachten. Dies dürfte unter digitalen Selbständigen seltener der Fall sein. Ein technisch-journalistisches Gegenbeispiel ist aber etwa Ethan Siegel auf Medium.com[20].

Künstlerisch ist die freie schöpferische Gestaltung, in der Eindrücke, Erfahrungen und Erlebnisse mittels einer bestimmten Formensprache zu unmit-

---

[18] So jedenfalls BFH, Az.: VIII R 48/99, BStBl. II 2009, 238; Schmidt-Wacker, § 18 Rn. 62, m. w. Nachw.
[19] Schmidt-Wacker, § 18 Rn. 62.
[20] https://medium.com/@startswithabang.

telbarer Anschauung gebracht werden[21]. Dies kann etwa für bildende **Künstler**, **Showstars** oder **Entertainer** angenommen werden (auch online, etwa bei Youtube[22] oder im Rahmen eines unterhaltenden Blogs denkbar[23]). Haben die künstlerischen Werke daneben auch einen Gebrauchswert, wie bei **Gebrauchs-** und **Modegrafikern** oder **Rednern**, ist eine gewisse Gestaltungshöhe erforderlich[24]. Bei Porträt-, Mode- oder Werbe-**Fotografen** hängt die Einordnung davon ab, ob die Bilder nicht allein technische Fertigkeiten voraussetzen, sondern auch eigenschöpferische Elemente aufweisen[25].

---

[21] BVerfGE 67, 213, 226; Schmidt-Wacker, § 18 Rn. 66, m. w. Nachw.

[22] Z.B. Casey Neistat und viele andere Youtuber dürften die Voraussetzungen erfüllen, siehe https://www.youtube.com/user/caseyneistat .

[23] Z.B. der Postillion, siehe http://www.der-postillon.com.

[24] BFH; Az.: IV R 9/77, BStBl.II 1981, 21; BFH, Az.: IV B 200/04, BStBl. II 2006, 709, hält daran trotz berechtigter Kritik im Schrifttum fest.

[25] BFH, Urt. v. 7.3.1974, Az.: IV R 196/72, BStBl. II 1974, 383, 385; Kirchhoff- Lambrecht, § 18 Rn. 46, mw.Nachw.

Schriftstellerisch ist die schriftliche Gestaltung selbständiger Gedanken für die Öffentlichkeit[26]. Ein wissenschaftlicher Inhalt oder künstlerische Ausdruck ist nicht erforderlich[27]. Eine solche Tätigkeit kann auch bei **Journalisten, Publizisten, Autoren** oder **Lektoren** gegeben sein. Ohnehin unterfallen Journalisten und **Bildberichterstatter**, (ob durch Fotos oder Filme), also auch **Kameraleute** und **Tontechniker** (aber nur bei eigenständiger Motivauswahl)[28] , bereits den Katalogberufen. Verfasser **redaktioneller Beiträge** im Auftrag von Unternehmen werden wie **Werbetexter** jedenfalls dann als freiberuflich anerkannt, wenn originelle Gedankenarbeit erforderlich ist[29].

---

[26] BFH, Az.: I R 16/97, BStBl. II 1982, 22; Schmidt-Wacker, § 18 Rn. 77, m. w. Nachw.

[27] BFH, Az.: IV R 4/01, BStBl. II 2002, 475; Schmidt-Wacker, § 18 Rn. 77, m. w. Nachw.

[28] ; Schmidt-Wacker, § 18 Rn. 122, m. w. Nachw.

[29] FG RhPf, Urt. v. 25,11,1997, Az:: 1 K 1305/96, EFG 1998, 136.

Grade bei schriftstellerischer Tätigkeit neigt die Rechtsprechung aber dazu, die Übertragung des *Urheberrechts* als erforderlich anzusehen[30]; Schriftsteller im **Selbstverlag** sollen gewerblich tätig sein[31]. Eventuell kann es sich daher empfehlen, den Content über eine andere gewerbliche Rechtspersönlichkeit zu vertreiben (also die Webseite etwa als UG zu betreiben und dieser die Urheberrechte zu übertragen).

*Erzieherische **Tätigkeiten*** als solche scheinen digital (jedenfalls noch) schwer denkbar, doch in Verbindung mit der *unterrichtenden Tätigkeit* können auch **Coache** in den Genuss der Freiberuflichkeit kommen (jedenfalls, wenn das Coachen von einer besonderen Qualifikation getragen ist). Anerkannt

---

[30] Dafür Kirchhoff-Lambrecht, § 18 Rn. 48, m. w. Nachw.; dagegen Schmidt-Wacker, § 18 Rn. 155, m. w. Nachw.
[31] BFH, Az.: IV B 15/00, BFH NV 2001, 1280; Schmidt-Wacker, § 18 Rn. 78, m. w. Nachw.; zur Kritik daran siehe noch unten zu 3. Infizierung.

wurden etwa **Kommunikationstrainer.** Ebenfalls unterrichtende Tätigkeit ist etwa juristische **Lehrtätigkeit** eines Richters, eines ausschließlich im Schulungsbereich tätigen **EDV-Beraters** und eines **Moderators** bei Fortbildungsveranstaltungen. Es kommt dabei nicht auf den Gegenstand des Unterrichts an, es kann auch um **Fitness, Reiten** oder **Tanzen** gehen[32]. Auch **Fitnesstrainer** sind daher bei Selbständigkeit freiberuflich tätig[33].

Insgesamt sind *Beratungstätigkeiten* immer in der Nähe des freiberuflichen Wirkens. Eine Anerkennung dürfte vor allem dann in Betracht kommen, wenn der Ausübende eine Katalogausbildung hat (Arzt, Rechtsanwalt, Architekt, Ingenieur, Betriebswirt etc.). Doch auch alle anderen Absolventen eines Studiums dürften bei vornehmlich beratender Tätigkeit die Voraussetzungen für Freibe-

---

[32] Schmidt-Wacker, § 18 Rn. 83.
[33] Schmidt-Wacker, § 18 Rn. 155, m. w. Nachw.

rufler erfüllen. Das können **Akkustiker, Kommunikationswissenschaftler, Chemiker, Diätassistenten**[34] und weitere mehr ebenso sein, wie Absolventen eher künstlerischer Ausbildungen, wie **Musiker, Künstler, Filmschaffende** oder **Fotografen.**

Gewerblich ist aber wieder die **Finanz-, Anlage-** oder **Kreditberatung**[35]. Das dürfte eventuell anders sein, wenn keine Vermittlung von Produten, sondern wirklich reine Wissensvermittlung im Vordergrund steht (wie etwa beim Investment-Punk). Als gewerblich angesehen wurden auch **Ernährungsberater**, aber hier gibt es zur Umsatzsteuer widerstreitende Einschätzungen[36], **Ökotrophologen** sollten daher zumindest bei entspre-

---

[34] Als der Heilberufen ähnlich anerkannt, s. ; Schmidt-Wacker, § 18 Rn. 155, m. w. Nachw.

[35] BFH, Az.: XI B 28/07, BFH NV 2007, 1883; Schmidt-Wacker, § 18 Rn. 107.

[36] Schmidt-Wacker, § 18 Rn. 155, m. w. Nachw.

chender Ausbildung in jedem Fall die Anerkennung beantragen. Ebenfalls gewerblich soll die psychologische Beratung von Managern sein[37]. **Unternehmens-** oder **Umweltberater** können dagegen wieder freiberuflich sein[38]. Berater mit fehlender wissenschaftlicher Basis, wie **Fakire, Parapsychologen** oder **Handaufleger** sind dagegen immer gewerblich[39].

Doch ist die besondere Ausbildung nicht vorausgesetzt. Auch **Autodidakten** können den Freiberuflern zugerechnet werden, wenn sich der erlernte Hintergrund nur dem einer Katalogausbildung ähnlich darstellt[40]. Ein Beispiel dürfte Vladislav Melnik vom Affenblog[41] sein, der inzwischen eine

---

[37] Schmidt-Wacker, § 18 Rn. 155, m. w. Nachw. Stichwort „Psychologe".
[38] Schmidt-Wacker, § 18 Rn. 155, m. w. Nachw.
[39] Schmidt-Wacker, § 18 Rn. 155, m. w. Nachw.
[40] Schmidt-Wacker, § 18 Rn. 107, m. w. Nachw.
[41] http://www.affenblog.de .

wohl anerkannte Expertise bei (individuellen) Werbetexten erreicht hat.

e) Indizien
Insgesamt lassen sich danach folgende Indizien für eine freiberufliche Tätigkeit angeben:

- Ein akademischer Abschluss oder eine höhere Bildung.
- Ein hoher kreativer Anteil bei der Arbeit.
- Für die Arbeit sind hochwertige Zusatzausbildungen notwendig, die absolviert wurden.
- Der Freiberufler ist allein inhaltlich in dem Unternehmen tätig, andere Mitarbeiter sind „nur" Aushilfen oder "Zuarbeiter".
- Es werden Wissen und Erfahrung auf hohem Niveau verwendet.
- Es geht um Beratung, Coaching, Lehre oder Unterricht.
- Ein besonderes Vertrauensverhältnis zu den Kunden ist wesentlich für die Tätigkeit.

- Im Vordergrund steht eine Dienstleistung, die unter persönlichem Einsatz erbracht wird.
- Das von dem Freiberufler verwendete Know-how entspricht dem Niveau eines in den Katalogberufen genannten Akademikers.

Demgegenüber steht eine ausgeprägte **Makler-**, **Vermittlungs-** oder **Handelstätigkeit** der Einordnung als freiberuflich regelmäßig entgegen[42]. Damit ist insbesondere das reine **Affiliate-Marketing** als Vermittlungstätigkeit in jedem Fall gewerblich.

f) Einzelfälle digitaler Berufe
Insgesamt ergibt sich danach, dass **Werbetexter,** **Fotobearbeiter,** **Schriftsteller,** **Übersetzer,** **Dolmetscher, Filmemacher** und **Kameramänner, Tontechniker** und **Journalisten** sowie sonstige **Künstler** und **Coaches** oftmals den Freiberuf-

---

[42] BFH, Urt. v. 24. 4.1997, Az.: IV R 60/95, BStBl. II 1997, 567, 568; Kirchhoff-Lambrecht, EStG, 14. Aufl. 2015, § 18 Rn. 39, m.w.Nachw.

lern unterfallen können und damit viele digitale Selbständige, Freelancer und Nomaden kein Gewerbe anmelden müssen[43].

Grenzfälle sind aber leider viele andere **digitalen Berufe**. **Webdesigner** oder **Online-Journalisten** werden vom Finanzamt nicht ohne weiteres anerkannt. Dennoch sollte hier im Hinblick auf die vielfachen eingangs geschilderten Vorteile versucht werden, eine Anerkennung als Freiberufler zu erreichen. Dabei kommt es oft auch ein wenig auf die Darstellung an (zu viel Phantasie sollte man im Hinblick auf die Gefahren der Infizierungstheorie – siehe dazu zu lit. d) – aber nicht walten lassen).

---

[43] Unter Verweis auf das Institut der Freien Berufe an der Universität Erlangen-Nürnberg findet sich eine weitergehende alphabetische Übersicht unter folgendem Link: http://www.existenzgruender.de/SharedDocs/Downloads /DE/Checklisten-Uebersichten/Gruendungswege/03_uebersicht-liste-aehnichen-Berufe-Taetigkeiten.pdf?__blob=publicationFile .

Beispiel: Eine Ernährungsberaterin, die Ökotrophologie studiert hat, die zu 80% Einzelcoaching gegen Entgelt anbietet und zu 20% Affiliate-Einkünfte aus dem Blog hat, sollte auf Ihr Studium und die Coaching-Kontakte verweisen und nicht nur den Betrieb einer Webseite für Ernährung anzeigen. Dennoch ist die Anerkennung nicht gesichert. Jedoch wäre das ein klarer Fall, in dem die gewerblichen Einkünfte die freiberuflichen „infizieren", s. dazu sogleich, d).

Grafiker werden von den Finanzämtern oft als künstlerisch tätig angesehen und deshalb als Freiberufler anerkannt. Bei **Grafik-** und *Industriedesignern* oder **Layoutern** kommt es nach der Rechtsprechung des BFH aber letztlich immer auf den Einzelfall an[44]. Bei **Web-Designern** ist etwa

---

[44] BFH, Urt. v. 23.8.1990, Az.: IV R 61/89, BStBl. II 1991, 20, 21.

eine gewisse Zurückhaltung zu beobachten[45]. Einen **Perspektiv-Designer** hat das FG Nürnberg z.B. als gewerblich eingestuft[46]. Entscheidend für die Freiberuflichkeit ist jeweils, ob ein künstlerischer Gehalt der gestalterischen Arbeit vorliegt[47].

Bei **Content-Providern**, **Textern** und **Online-Journalisten** ist nach meiner Auffassung ebenfalls eine journalistisch-schriftstellerische Tätigkeit gegeben, so dass eine Anerkennung als Freiberufler versucht werden sollte. Journalistisch-schriftstellerische Tätigkeit kann sich auf alle tatsächlichen Ereignisse beziehen und bedarf auch keiner besonderen Darstellungshöhe (auch wenn die – insbesondere, wenn sie von einer entspre-

---

[45] Was sich daraus rechtfertigt, dass das Design häufig weniger künstlerischen als praktischen Erwägungen folgt. Dennoch kann eine eventuell vorhandene Nähe zum Programmieren oder zur Kommunikationsberatung durchaus zur Anerkennung führen.
[46] FG Nürnberg, Urt. v. 8.7.1977, Az.: V 7/76, EFG 1978, 33, 34.
[47] Schmidt-Wacker, § 18 Rn. 155, m. w. Nachw.

chenden Ausbildung getragen ist – nicht schaden kann). Von daher dürften viele **Blogger** Freiberufler sein, etwa Caroline Lohmann von Shave the Whales[48] als Reisejournalistin oder Gesa Neitzel von Bedouin Writer als Schriftstellerin[49]. Der Anerkennung entgegen stehen kann allenfalls das von der Rechtsprechung noch nicht aufgegebene Kriterium der Urheberrechtsübertragung[50], woran es bei einem eigenen Blog fehlen kann[51].

Zwischen Journalisten und Schriftstellern besteht vielfach nur ein gradueller Unterschied. **Schriftsteller** ist, wer für die Öffentlichkeit schreibt und dabei seine eigenen Gedanken wieder gibt, auch wenn diese sich auf tatsächliche Gegenstände beziehen. Eine besondere künstlerische oder wissen-

---

[48] Siehe http://shavethewhales.net .
[49] http://bedouinwriter.com , jetzt „Born tob e wild".
[50] Zur Kritik daran s. u. III. 3..
[51] Siehe dazu oben III. 2. d), weshalb es sich für journalistisch-schriftstellerische Blogger empfehlen kann, den Blog über eine gesonderte UG zu führen.

schaftliche Höhe der Ausführungen ist nicht erforderlich. Dies beachtet, sollten auch **Content-Provider** den Freiberuflern zugerechnet werden können, sie sind den Werbetextern jedenfalls dann ähnlich, wenn eine gewisse Originalität erforderlich ist. Auch hier kann es aber sicher nicht schaden, wenn bei der Anmeldung beim Finanzamt das *eigene* geistige Element der Tätigkeit in den Vordergrund gerückt wird.

Bei **Programmierern** ging die Rechtsprechung des BFH (Bundesfinanzhof, das höchste deutsche Finanzgericht) zunächst davon aus, dass jedenfalls der Programmierer Freiberufler ist, der sich mit Systemsoftware befasst, im Gegensatz zu „bloßen" Anwendungs-Programmierern. Inzwischen hat der BFH aber auch diese als *ingenieurähnlich* und damit freiberuflich eingestuft[52].

---

[52] Kirchhoff-Lambrecht, § 18 Rn. 69, m. w. Nachw.

Soweit es um **E-Books, Lernprogramme** und weitere Angebote im Internet geht, lassen sich (je nach Inhalt) sowohl künstlerische, schriftstellerische oder unterrichtende (wissenschaftliche) Elemente finden. So ist etwa auch die selbständige Entwicklung von **Softwarelernprogrammen** eine schriftstellerische Tätigkeit, wenn diese für die Öffentlichkeit bestimmt sind[53]. Ähnliches kann für **Bedienungsanleitungen** angenommen werden, wenn der erstellte Text eine eigene gedankliche Leistung des Autors darstellt[54]..

Soweit es **EDV-Berater** anbetrifft, gehen die Finanzämter ohne wirkliche Rechtfertigung ebenfalls überwiegend von einer gewerblichen Tätigkeit aus, obwohl **EDV-Consutling** nicht wesentlich anders ist als etwa ein Consulting von Betriebswirten und

---

[53] BFH, Urt. v. 10.9.1998, IV R 142/72, Az.: IV R 16/97, BStBl. II 1999, 215.
[54] Kirchhoff-Lambrecht, § 18 Rn. 48, m. w. Nachw.

Ingenieuren, die problemlos als Freiberufler eingeordnet werden. Immerhin ist anerkannt worden, dass **EDV-Berater** im Einzelfall als beratende *Betriebswirte* freiberuflich tätig sein können[55]. Feiberuflich sind im Regelfall aber **IT-Systemadministratoren**, **IT-Betreuer und IT-Projektleiter**[56].

Dagegen ist eine freiberufliche Beratungstätigkeit verneint worden für einen **Organisationsberater für Datenbanken**, einen **PR-Berater**[57] oder einen extern bestellten **Datenschutzbeauftragten**[58].

---

[55] Kirchhoff-Lambrecht, § 18 Rn. 69, m. w. Nachw.

[56] Schmidt-Wacker, § 18 Rn. 155, m. w. Nachw., reines Projektmanagement soll aber gewerblich sein, s ebda. Stichwort „Projektmanager".

[57] Je nach Darstellung und Nähe zu anerkannten Tätigkeiten – Schriftsteller, Content-Provider, Werbetexter oder Kommunikationstrainer zum Beispiel – meine ich aber, dass hier durchaus eine Anerkennung versucht werden sollte.

[58] Vgl. Kirchhoff-Lambrecht, § 18 Rn. 69, m. w. Nachw., auch hier kann die Nähe zur juristischen Beratungstätigkeit aber fließend sein.

Auch bei reiner **SEO-Beratung** dürften die Voraussetzungen freiberuflicher Tätigkeit schwer darzustellen sein. Das kann aber wieder anders sein, wenn diese in einem größeren Zusammenhang komplexer Werbemaßnahmen (Stichwort: anerkannte Werbetexter), Marketingstrategien (Stichwort: Katalogberuf beratender Wirtschaftswissenschaftler[59]) oder Kommunikationskampagnen (Stichwort: anerkannter Kommunikationsberater, insbesondere mit entsprechendem Studium) erbracht wird. Erneut wird deutlich, dass jeweils eine *einzelfallabhängige* Betrachtung erforderlich ist und vieles auch auf die Darstellung in der Anmeldung ankommt.

Beispiel: Würde Sebastian Kühn von Wireless Life[60] in der Steueranmeldung ausführen: „Betrieb

---

[59] Dann kann Anerkennung jedenfalls möglich sein, s. Schmidt-Wacker, § 18 Rn. 155, m. w. Nachw. – Marketingberater.
[60] www.wirelesslife.de.

eines Blogs und einer Social Media Plattform"
würde er sicher als gewerblich eingestuft. Meldete
er statt dessen: „Verfassen journalistisch-
betriebswirtschaftlicher Fach-Artikel über Selbständige im Internet, betriebswirtschaftliche Beratung und Unterrichtung von Selbständigen im Internet und Entwicklung von Schulungsmaterialien"
an, dürfte die freiberufliche Anerkennung nur
schwer versagt werden können[61].

3. Abfärbung

Die Vorteile des freiberuflichen Status sind aber
„selbstverständlich" nicht ohne steuerliche Gefahren. Wer seine Unternehmung zu optimistisch als
freiberuflich darstellt, obwohl (in nennenswertem
Umfang) auch gewerbliche Einkünfte erzielt werden, droht eine „Infizierung" seiner freiberuflichen

---

[61] Selbst wenn der Vertrieb der Unterrichtsmaterialien
auch ein gewisses gewerbliches Gepräge hat. Soweit dieser
Teil maßgeblich zu den Einnahmen beitragen würde, sollte
bei gemischter Tätigkeit über eine Trennung der Tätigkeiten nachgedacht werden, siehe dazu sogleich zu 3.

Einkünfte durch die gewerblichen mit der Konsequenz, dass die Einkünfte insgesamt als gewerblich gelten.

Im Grundsatz geht der BFH zwar von einer Trennungstheorie aus. Danach ist bei einem Nebeneinander von gewerblichen und freiberuflichen Tätigkeiten eine getrennte Beurteilung der beiden Einkunftsarten möglich, soweit eine solche nach der Verkehrsanschauung möglich ist[62]. Dabei kann eine *getrennte Buchführung* ein Indiz für die Trennung und Trennbarkeit sein (weshalb sie in solchen Fällen in jedem Fall geraten werden kann). Nicht trennbar sind die Bereiche aber dann, wenn sie sich gegenseitig bedingen und unlösbar mitei-

---

[62] Schmidt-Wacker, § 18 Rn. 50, m. w. Nachw.; Kirchhoff-Reiß, § 15 Rn. 68, m.w.Nachw.; Franz, Die einkommensteuerrechtliche Einordnung der gewerblichen und freiberuflichen Tätikeit unter Berücksichtigung der nichtselbständigen Tätigkeit, Diss. Heidelberg, 1996, S. 295 unter Verweis auf BFH, Urt. v. 23.10.1956, Az.: I 116/55 U, BStBl. II 1957, 17, 18.

nander verflochten sind, wobei es auf das Gesamtbild der Tätigkeit ankommt.

Ein Beispiel, das (leider) auch für viele digitale Selbständige zutrifft, ist der *Selbstverlag* eines Schriftstellers. Da verlegerische Tätigkeit gewerblich ist, nimmt der BFH insgesamt eine gewerbliche Tätigkeit an.[63] Da das Urteil jedoch noch zu Zeiten großer Verlage mit entsprechenden Druck- und Werbeaufwendungen erging, mag daran für den Selbstverlag von E-Books über das Internet gezweifelt werden. Hier erscheint die Selbstvermarktung als untergeordnet gegenüber der schriftstellerischen Tätigkeit. Im Streitfall kann hier eventuell in einem Prozess erfolgreich argumentiert werden, aber derzeit ist noch davon auszugehen, dass der Selbstverlag einer freiberuflichen Tätigkeit entgegen steht. Ein weiteres anschauliches Beispiel

---

[63] BFH, Urt. v. 30.10.1978, IV R 15/73, BStBl. II 1979, 236.

für nicht trennbare Tätigkeiten ist die Serienproduktion eines Künstlers im Eigenvertrieb[64].

Bei gemischten Tätigkeiten, die sich schwer trennen und abgrenzen lassen, ist häufig eine Einzelfallbetrachtung und im Zweifel auch qualifizierte Beratung erforderlich. Klassisches Beispiel dürften viele Blogs sein, die sich auch durch Affiliate-Links oder selbstverlegte E-Books monetarisieren, solange die verlegerische Tätigkeit (m.E. nach veraltet) noch als gewerblich angesehen wird.

Anders ist die Abfärbetheorie aber anzuwenden, wenn es um gemischte Tätigkeiten einer *Personengesellschaft* (GbR, OHG, KG, PartG) geht. Insoweit fingiert § 15 Abs. 3 Nr. 1 EStG gewerbliche Einkünfte. Eine Aufteilung der Einkunftsarten in einer Personengesellschaft ist daher nach der Recht-

---

[64] BFH, Az.: IV R 15/73, BStBl. II 1979, 236.

sprechung des BFH nicht zulässig[65]. Dabei kommt es auf die Tätigkeit eines jeden Gesellschafters an. Jeder Gesellschafter muss fast ausschließlich freiberuflich tätig sein, damit die Gesellschaft insgesamt noch freiberufliche Einkünfte haben kann[66]. Nur, wenn die gewerbliche Tätigkeit weniger als 3 % der Gesamtleistung der Personengesellschaft ausmacht und insgesamt nicht mehr als 24.500 Euro im Veranlagungszeitraum netto erlöst werden, gilt sie als ganz gering und führt nicht zur Infizierung.

Bei Personengesellschaften sollte also für jede Einkunftsart ein neues Steuersubjekt gegründet werden, damit nicht freiberufliche Einkünfte plötzlich bilanziert werden müssen und der Gewerbesteuer unterfallen.

---

[65] Schmidt-Wacker, § 18 Rn. 50; Franz, a.a.O., S. 206; BFH, Urt. v. 1.2.1979, IV R 113/76, BStBl. II 1979, 574, 576.
[66] BFH, Urt. v. 27.08.2014, Az.: VIII R 6/12.

Merke: Wer sowohl gewerbliche als auch freiberufliche Einkünfte hat, sollte die Gründung einer Gesellschaft für die gewerbliche Tätigkeit erwägen, wenigstens aber eine getrennte Buchführung installieren. Das gilt ganz besonders, wenn es um eine Personengesellschaft geht.

IV. Ergebnis Gewerbeanmeldung

Insgesamt sollten digitale Selbständige also zunächst versuchen, sich als Freiberufler beim Finanzamt anzumelden. Anhand der herausgearbeiteten Kriterien sollte eine Einschätzung und Darstellung gegenüber dem Finanzamt möglich sein, die hinreichende Erfolgsaussichten bietet. Wegen der Gefahr einer Nachbesteuerung gewerblicher Einkünfte nebst dem Vorwurf der Steuerhinterziehung sollte aber nicht versucht werden, gewerbliche Tätigkeiten als freiberuflich zu *bemänteln*. Im Zweifel ist ein offenes Wort gegenüber dem Finanzamt vorzuziehen. Gegebenenfalls kann in Betracht kommen, freiberufliche und gewerbliche Tätigkeiten zu trennen, um wenigstens teilweise den Status des Freiberuflers zu erhalten.

Doch selbst wer gewerblich tätig ist, sollte nicht vorschnell ein Gewerbe anzeigen. Nach dem Erfordernis eines gewerblichen Mittelpunktes ist durchaus fraglich, ob vor allem reine digitale Nomaden überhaupt anzeigepflichtig sind. Da wenigstens die Zwangsmitgliedschaft in der IHK und vielleicht auch eine GEZ droht, die auf beruflichen Rechnern den „Genuss" öffentlich-rechtlichen Fernsehens wittert (man kann auch an Auflagen des statistischen Bundesamtes und manche bürokratischen Konsequenzen mehr denken), sollte ein Gewerbe nur angemeldet werden, wenn es eindeutig erforderlich ist (Beispiel: Online-Shop mit Lager in Deutschland).

Noch kostspieliger werden die Konsequenzen einer nicht erforderlichen Gewerbeanzeige, wenn das Finanzamt sie verwendet, um zu argumentieren, dass die von einem digitalen Nomaden (tatsächlich über das Jahr) aus dem Ausland getätigten Lieferungen und Leistungen aus einem inländischen Gewerbe stammen, also in Deutschland steuerbar sind[67]. Daher können die Nachteile durchaus erheblich sein. Es kann, etwa nach einem entsprechenden Verlangen von Finanz- oder Gewerbeaufsichtsamt[68] zwar eventuell keine andere Wahl bleiben. Im Extremfall sollten aber (nach Beratung mit einem Rechtsanwalt oder Steuerberater) rechtliche Schritte erwogen werden.

---

[67] Denn nach einem Wegzug können unter den komplizierten Voraussetzungen des § 2 AStG (Außensteuergesetz) aus Deutschland stammende Einkünfte noch bis zu zehn Jahre (!) lang in Deutschland zu versteuern sein, obwohl längst keine Wohnung in Deutschland mehr besteht.
[68] Zu beachten ist, dass manchmal auch Beamte das von ihnen anzuwendende Recht nicht abschließend richtig beherrschen.

Insgesamt sollte, wer keine freiberufliche Tätigkeit darstellen kann, ein Gewerbe bei dem Gewerbeaufsichtsamt nur bei Tätigkeit aus und in Deutschland erfolgen. Soweit man sich beim Gewerbeamt aber nicht anmeldet, gibt es auch keine anschließende Meldung vom Gewerbeamt an das Finanzamt. Von daher ist dann eine eigenständige steuerliche Anmeldung gem. V in Verbindung mit Anhang 2 erforderlich.

V. Lösung Steueranmeldung

1. Formular

Die Relevanz der Gewerbeanzeige wird danach überschätzt. Viel wesentlicher ist eine Steuernummer. Digitale Selbständige, die aus Deutschland arbeiten oder in Deutschland (gegenüber Firmen) tätig werden wollen, benötigen in jedem Fall eine Steuernummer. Diese ist auf jeder Rechnung aufzuführen.

Der Erhalt der Steuernummer erfolgt nach einer Gewerbeanzeige automatisch auf eine entsprechende Mitteilung des Gewerbeaufsichtsamtes an das Finanzamt. Dieses wird einem dann das Formular gem. Anhang 2 zusenden.

Anders ist dies bei der Aufnahme einer freiberuflichen Tätigkeit (oder eines Gewerbes ohne vorherige Gewerbeanzeige). Diese muss selbständig bei

Beginn der Selbständigkeit beim Finanzamt angezeigt werden. Entweder online oder vor Ort erhält man dafür Formulare (die Version für Berlin ist als Anhang 2 hier beigefügt) die man ausfüllen, ausdrucken und (zumindest derzeit noch) persönlich unterschreiben und an das zuständige Finanzamt senden muss. Bejaht das Finanzamt aufgrund des Antrages die Freiberuflichkeit, erhält man dann von dort die Steuernummer, die in der Folge für alle Rechnungen benötigt. Sollte das Finanzamt dagegen wider dem gestellten Antrag von einer gewerblichen Tätigkeit ausgehen, wird es den Antragsteller auch entsprechend behandeln und die Vorteile für Freiberufler versagen.

Alte Hasen Tip: Digitale Selbständige, die freiberuflich tätig, aber bereits gewerblich angemeldet sind und entsprechend ihre Einkünfte versteuern, sollten (ggf. mit ihrem Steuerberater) erwägen, das

Gewerbe abzumelden und beim Finanzamt die Anerkennung als Freiberufler zu beantragen.

2. Umsatzsteuer-Identifikationsnummer

Wer darüber hinaus umsatzsteuerfrei innerhalb
der Europäischen Union umsatzsteuerfrei Waren
oder Dienstleistungen veräußern möchte, benötigt
zudem eine Umsatzsteueridentifikationsnummer.
Diese kann online bei dem Bundeszentralamt für
Steuern beantragt werden

Nähere Hinweise dazu etwa unter:
http://www.bzst.de/DE/Steuern_International/US
t_Identifikationsnummer/FAQ/FAQ_Vergabe_USt_I
dNr/Vergabe_FAQ_node.html.

3. Ergebnis

Wesentlich ist also die Steuernummer und – soweit das in Betracht kommt – der Versuch, vom Finanzamt als Freiberufler anerkannt zu werden.

Beachte: Anhand des als Anlage 2 beigefügten Formulars kann man sich gut auf den Antrag für eine Steuernummer vorbereiten.

4. Spoiler

Die Zeichen für eine Anerkennung als Freiberufler stehen derzeit gut. In der Rechtsprechung ist durchaus eine Ausweitung der freiberuflichen Tätigkeiten fest zu stellen. Das heißt aber nicht, dass sich dies bereits zu jedem Finanzbeamten rumgesprochen hat. Manchmal werden diese zudem mit der neuen digitalen Realität nicht abschließend vertraut sein. Es muss daher mit Widerständen gerechnet werden. Es kann sein, dass eine neue Be-

rufsbezeichnung bei Beamten einen („ganz selten")
zu beobachtenden Reflex auslöst:

Ist neu - dann müsste ich für meine Entscheidung
die Verantwortung übernehmen: Abgelehnt.

Hier hilft nur eine gute Darstellung bereits bei Antragstellung, das Rüstzeug sollte sich in den vorlie-
genden Ausführungen finden lassen, vielleicht
auch persönliche Überzeugungsarbeit mit Beispie-
len am Amtstisch, wenn alle Stricke reißen aber
auch Rechtsmittel in Abstimmung mit einem
Rechtsanwalt oder Steuerberater.

VI. Tabellarisches Gesamtergebnis

Die Fallgruppen und Ergebnisse zu Gewerbe- und Steueranmeldung lassen sich damit wie folgt zusammenfassen:

ART UND ORT	GEWERBEEANMELDUNG	STEUERANMELDUNG
gewerb-lich und fester Standort	X	als Gewerbe
freiberuf-lich und fester Standort	–	als Freiberufler
vielleicht freiberuf-lich und fester Standort	–	als Freiberufler (versuchen)
gewerb-lich ohne Standort	je nach Risikobe-reits-schaft	als Gewerbe
freiberuf-lich ohne Standort	–	als Freiberufler

vielleicht freiberuflich ohne Standort	–	als Freiberufler (versuchen)
gemischt freiberuflich und gewerblich	–/X	trennen, ein Gewerbe anmelden[69] und eine freiberufliche Tätigkeit

---

[69] Zur besseren Trennung sollte hier in jedem Fall eine separate Gesellschaft für die gewerbliche Tätigkeit erwogen werden. Dies erleichtert die Trennung der Einkunftsarten ungemein. Eine Unternehmensgesellschaft haftungsbeschränkt (UG) erfordert nur einen geringen Aufwand, eventuell kommt hier je nach Standort aber auch eine ausländische Rechtsform in Betracht.. Dies ist immer Frage einer anwaltlichen Beratung im Einzelfall.

Schlusshinweise:

Diese Darstellung erfolgt aus der Sicht des Rechtsanwaltes, nicht des steuerlichen Praktikers. Sie ersetzt die rechtliche und steuerliche Beratung im Einzelfall nicht. Fragen, Anregungen, Ergänzungswünsche und Kritik ansonsten gerne per Mail an mail@drnomad.de.

Insbesondere interessieren mich für eine eventuelle Überarbeitung **Eure** Erfahrungen. Was wurde anerkannt? Was nicht? Wie wurde anzeigt?

Anhang 1: Tabellarische Übersicht der freien Berufe für digitale Nomaden:

Zeichen:
X = freier Beruf,
O = freier Beruf möglich,
– = freier Beruf nicht möglich
O/X = überwiegend möglich
–/O = selten möglich

BERUF	MÖG LICH	BEMERKUNG
Affiliate-Marketing	–	gewerblich
Architekt	X	Katalogberuf
Arzt	X	Katalogberuf
Bildende Künstler	X	Tätigkeitsberuf
Blogger	O	bei katalogähnlichem Inhalt
Coaching	O/X	Je nach Ausbildung und Inhalt
Content-Provider	O	bei gewisser Originalität
Datenbank OrgaBerater	–	Nicht anerkannt
Datenschutz-beauftrageter	–	Nicht anerkannt, zweifelhaft

EDV-Berater	–/O	bei Betriebswirten
Entertainer	X	Tätigkeitsberuf
Ernährungs-berater	–/O	bei entsprechender Aus-bildung
Fotografen	O/X	wenn nicht nur technisch
Grafiker	X	Katalogähnlich
Journalisten	X	Katalogberuf
Kameramänner	O/X	Katalogähnlich
Künstler	X	Katalogberuf
Online-Journalisten	O	bei gewisser Originalität
Programmierer	X	Ingenieurähnlich
Rechtsanwalt	X	Katalogberuf
SEO-Berater	–/O	bei größerem Zusam-menhang
Showstars (Youtube)	X	Tätigkeitsberuf
Trainer	X	Tätigkeitsberuf
Web-Designer	–/O	bei besonderem Gehalt
Werbetexter	O/X	bei gewisser Originalität

Anhang 2: Formular Gewerbeanmeldung

Zur Ansicht ist nachfolgend das Formular für die Gewerbeanmeldung angefügt. Damit kannst Du Dich auf die Fragen vorbereiten, die für die Gewerbeanmeldung beantwortet werden müssen. Von einer Verlinkung wurde abgesehen, da sich der Link jederzeit ändern kann. Das aktuelle Exemplar lässt sich über eine Internet-Suchmaschine jederzeit leicht auffinden.

GewA 1

Gewerbe-Anmeldung

nach § 14 GewO oder § 55 c GewO

Bitte vollständig und gut lesbar ausfüllen sowie die zutreffenden Kästchen ankreuzen

Angaben zum Betriebsinhaber   Bei Personengesellschaften (z.B. OHG) ist für jeden geschäftsführenden Gesellschafter ein eigener Vordruck auszufüllen. Bei juristischen Personen ist bei Feld Nr. 3 bis 9 und Feld Nr. 30 und 31 der gesetzliche Vertreter anzugeben (bei inländischer AG wird auf diese Angaben verzichtet). Die Angaben für weitere gesetzliche Vertreter zu diesen Nummern sind ggf. auf Beiblättern zu ergänzen.

1   Im Handels-, Genossenschafts- oder Vereinsregister eingetragener Name mit **Rechtsform** (ggf. bei GbR: Angabe der weiteren Gesellschafter)

2   Ort und Nr. des Registereintrages

Angaben zur Person

3   Name

4   Vornamen

4a   Geschlecht   männl. ☐   weibl. ☐

5   Geburtsname (nur bei Abweichung vom Namen)

6   Geburtsdatum

7   Geburtsort und – land

8   Staatsangehörigkeit (en)   deutsch ☐   andere:

9   Anschrift der Wohnung (Straße, Haus-Nr., PLZ, Ort; freiwillig: e-mail/web)   Telefon-Nr.   Telefax-Nr.

Angaben zum Betrieb

10   Zahl der geschäftsführenden Gesellschafter (nur bei Personengesellschaften)
Zahl der gesetzlichen Vertreter (nur bei juristischen Personen)

11   Vertretungsberechtigte Person/Betriebsleiter (nur bei inländischen Aktiengesellschaften, Zweigniederlassungen und unselbständigen Zweigstellen)

Name   Vornamen

Anschriften (Straße, Haus-Nr., Plz, Ort)

12   Betriebsstätte   Telefon-Nr.   Telefax-Nr.   freiwillig: e-mail/web

13   Hauptniederlassung (falls Betriebsstätte lediglich Zweigstelle ist)   Telefon-Nr.   Telefax-Nr.   freiwillig: e-mail/web

14   Frühere Betriebsstätte   Telefon-Nr.   Telefax-Nr.

15   Angemeldete Tätigkeit - ggf. ein Beiblatt verwenden (genau angeben: z. B. Herstellung von Möbeln, Elektroinstallationen und Elektroeinzelhandel, Großhandel mit Lebensmitteln usw.; bei mehreren Tätigkeiten bitte Schwerpunkt unterstreichen)

16   Wird die Tätigkeit (vorerst) im Nebenerwerb betrieben?   Ja ☐   Nein ☐

17   Datum des Beginns der angemeldeten Tätigkeit

18   Art des angemeldeten Betriebes   Industrie ☐   Handwerk ☐   Handel ☐   Sonstiges ☐

19   Zahl der bei Geschäftsaufnahme tätigen Personen (ohne Inhaber)   Vollzeit ☐   Teilzeit ☐   Keine ☐

Die Anmeldung wird erstattet für

20   Eine Hauptniederlassung ☐   eine Zweigniederlassung ☐   eine unselbständige Zweigstelle ☐

21   ein Automatenaufstellungsgewerbe ☐   22   ein Reisegewerbe ☐

Grund

23   24   **Neuerrichtung/ Übernahme**   Neugründung ☐   Wiedereröffnung nach Verlegung aus einem anderen Meldebezirk ☐   Gründung nach Umwandlungsgesetz (z.B. Verschmelzung, Spaltung) ☐

Wechsel der Rechtsform ☐   Gesellschaftereintritt ☐   Erbfolge/Kauf/Pacht ☐

26   Name des früheren Gewerbetreibenden oder früherer Firmenname

Falls der Betriebsinhaber für die angemeldete Tätigkeit eine Erlaubnis benötigt, in die Handwerksrolle einzutragen oder Ausländer ist:

28   Liegt eine Erlaubnis vor?   Ja ☐   Nein ☐   Wenn Ja, Ausstellungsdatum und erteilende Behörde:

29   **Nur für Handwerksbetriebe**   Liegt eine Handwerkskarte vor?   Ja ☐   Nein ☐   Wenn Ja, Ausstellungsdatum und Name der Handwerkskammer:

30   Liegt eine Aufenthaltsgenehmigung vor?   Ja ☐   Nein ☐   Wenn Ja, Ausstellungsdatum und erteilende Behörde:

31   Enthält die Aufenthaltsgenehmigung eine Auflage oder Beschränkung?   Ja ☐   Nein ☐   Wenn Ja, sie enthält folgende Auflagen bzw. Beschränkungen:

Hinweis: Diese Anzeige berechtigt nicht zum Beginn des Gewerbebetriebes, wenn noch eine Erlaubnis oder eine Eintragung in die Handwerksrolle notwendig ist. Zuwiderhandlungen können mit Geldbuße oder Geldstrafe oder Freiheitsstrafe geahndet werden. Diese Anzeige ist keine Genehmigung zur Errichtung einer Betriebsstätte entsprechend dem Planungs- und Baurecht.

32   33

(Datum)   (Unterschrift)

Anhang 3: Formular steuerliche Erfassung (Beispiel Berlin)

Zur Ansicht ist nachfolgend das Formular für die steuerliche Erfassung angefügt. Damit kannst Du Dich auf die Fragen vorbereiten, die für die steuerliche Erfassung beantwortet werden müssen. Von einer Verlinkung wurde abgesehen, da sich der Link jederzeit ändern kann. Das aktuelle Exemplar lässt sich über eine Internet-Suchmaschine jederzeit leicht auffinden, zudem kann das Formular-Management System der Bundesfinanzverwaltung auf der Seite des Bundesfinanzministeriums verwendet werden.

Steuernummer

2.7 Bisherige betriebliche Verhältnisse

Ist in den letzten Jahren schon ein Gewerbe, eine selbständige (freiberufliche) oder eine land- und forstwirtschaftliche Tätigkeit ausgeübt worden oder waren Sie an einer Personengesellschaft oder innerhalb der letzten fünf Jahre zu mindestens 1% an einer Kapitalgesellschaft beteiligt?

107	Nein	Ja		
108				
109				(TT.MM.JJJJ)
110				
111				

3. Angaben zur Festsetzung der Vorauszahlungen (Einkommensteuer, Gewerbesteuer)

	3.1 Voraussichtliche Einkünfte aus	im Jahr der Betriebseröffnung		im Folgejahr	
		Steuerpflichtiger	Ehegatte(in) / Lebenspartner(in)	Steuerpflichtiger	Ehegatte(in) / Lebenspartner(in)
		EUR	EUR	EUR	EUR
112	Land- und Forstwirtschaft				
113	Gewerbebetrieb				
114	Selbständiger Arbeit				
115	Nichtselbständiger Arbeit				
116	Kapitalvermögen				
117	Vermietung und Verpachtung				
118	Sonstigen Einkünften (z. B. Renten)				

3.2 Voraussichtliche Höhe der

119	Sonderausgaben				
120	Steuerabzugsbeträge				

4. Angaben zur Gewinnermittlung

121	Gewinnermittlungsart	Einnahmenüberschussrechnung			
122		Vermögensvergleich (Bilanz)	Eröffnungsbilanz	liegt bei.	wird nachgereicht.
123		Gewinnermittlung nach Durchschnittssätzen (nur bei Land- und Forstwirtschaft)			
124		Sonstige (z. B. § 5a EStG)			

Liegt ein vom Kalenderjahr abweichendes Wirtschaftsjahr vor?

125		Nein	Ja.	Beginn	(TT.MM.JJJJ)

5. Freistellungsbescheinigung gemäß § 48b Einkommensteuergesetz (EStG) ("Bauabzugsteuer")

Das Merkblatt zum Steuerabzug bei Bauleistungen steht Ihnen im Internet unter www.bzst.de zum Download zur Verfügung. Sie können es aber auch bei Ihrem Finanzamt erhalten.

126	Ich beantrage die Erteilung einer Bescheinigung zur Freistellung vom Steuerabzug bei Bauleistungen gemäß § 48b EStG.

6. Angaben zur Anmeldung und Abführung der Lohnsteuer

127	Zahl der Arbeitnehmer (einschließlich Aushilfskräfte) Insgesamt		a) davon Familien-angehörige	b) davon geringfügig Beschäftigte
128	Beginn der Lohnzahlungen	(TT.MM.JJJJ)		

129	Anmeldungszeitraum (voraussichtliche Lohnsteuer im Kalenderjahr)	monatlich (mehr als 4 000 EUR)	vierteljährlich (mehr als 1 000 EUR)	jährlich (nicht mehr als 1 000 EUR)

Steuernummer

Die für die Lohnberechnung maßgebenden Lohnbestandteile werden zusammengefasst im Betrieb / Betriebsteil:

130

131

132

133

7. Angaben zur Anmeldung und Abführung der Umsatzsteuer

7.1 Summe der Umsätze (geschätzt)

im Jahr der Betriebseröffnung

im Folgejahr

134

7.2 Geschäftsveräußerung im Ganzen (§ 1 Abs. 1a Umsatzsteuergesetz (UStG))

Es wurde ein Unternehmen oder ein in der Gliederung eines Unternehmens gesondert geführter Betrieb erworben:

135   Nein   Ja   (siehe Eintragungen zu Tz. 2.6 Übernahme)

7.3 Kleinunternehmer-Regelung

136   Der auf das Kalenderjahr hochgerechnete Gesamtumsatz wird die Grenze von 17.500 EUR voraussichtlich nicht überschreiten. Es wird die Kleinunternehmer-Regelung (§ 19 Abs. 1 UStG) in Anspruch genommen.
In Rechnungen wird keine Umsatzsteuer gesondert ausgewiesen und es kann kein Vorsteuerabzug geltend gemacht werden.
Hinweis: Angaben zu Tz. 7.8 sind nicht erforderlich; Umsatzsteuer-Voranmeldungen sind grundsätzlich nicht zu übermitteln.

137   Der auf das Kalenderjahr hochgerechnete Gesamtumsatz wird die Grenze von 17.500 EUR voraussichtlich nicht überschreiten. Es wird auf die Anwendung der Kleinunternehmer-Regelung verzichtet.
Die Besteuerung erfolgt nach den allgemeinen Vorschriften des Umsatzsteuergesetzes **für mindestens fünf Kalenderjahre** (§ 19 Abs. 2 UStG); Umsatzsteuer-Voranmeldungen sind monatlich in elektronischer Form zu übermitteln.

7.4 Organschaft (§ 2 Abs. 2 Nr. 2 UStG)

138   Ich bin Organträger folgender Organgesellschaft:

139

140

141

142

143

144

145

146

147

Hinweis: Weitere organschaftliche Verbindungen bitte in einer Anlage (formlos) mitteilen.

7.5 Steuerbefreiung

Es werden ganz oder teilweise steuerfreie Umsätze gem. § 4 UStG ausgeführt:

148   Nein   Ja   (§ 4 Nr.   UStG)

7.6 Steuersatz

Es werden Umsätze ausgeführt, die ganz oder teilweise dem ermäßigten Steuersatz gem. § 12 Abs. 2 UStG unterliegen:

149   Nein   Ja   (§ 12 Abs. 2 Nr.   UStG)

7.7 Durchschnittssatzbesteuerung

Es werden ganz oder teilweise Umsätze ausgeführt, die der Durchschnittssatzbesteuerung gem. § 24 UStG unterliegen:

150   Nein   Ja   (§ 24 Abs. 1 Nr.   UStG)

2014FsEEU016   2014FsEEU016

7.8 Soll- / Istversteuerung der Entgelte

151 Ich berechne die Umsatzsteuer nach   vereinbarten Entgelten **(Sollversteuerung).**

152   vereinnahmten Entgelten. Ich beantrage hiermit die **Istversteuerung,** weil

153   der Gesamtumsatz für das Gründungsjahr voraussichtlich nicht mehr als 500.000 EUR betragen wird.

154   ich von der Verpflichtung, Bücher zu führen und auf Grund jährlicher Bestandsaufnahmen regelmäßig Abschlüsse zu machen, nach § 148 der Abgabenordnung befreit bin.

155   ich Umsätze ausführe, für die ich als Angehöriger eines freien Berufs im Sinne von § 18 Abs. 1 Nr. 1 des Einkommensteuergesetzes weder buchführungspflichtig bin noch freiwillig Bücher führe.

7.9 Umsatzsteuer-Identifikationsnummer

156 Ich **benötige** für die Teilnahme am innergemeinschaftlichen Waren- und Dienstleistungsverkehr eine Umsatzsteuer-Identifikations-nummer (USt-IdNr.).

Hinweis: Bei Vorliegen einer Organschaft ist die USt-IdNr. der Organgesellschaft vom Organträger zu beantragen.

157 Ich **habe bereits** für eine frühere Tätigkeit folgende USt-IdNr. erhalten:

158 USt-IdNr.   Vergabedatum: (TT.MM.JJJJ)

7.10 Besonderes Besteuerungsverfahren „Mini-one-stop-shop"

Nur bei Ausführung von Telekommunikationsleistungen, Rundfunk- und Fernsehdienstleistungen oder auf elektronischem Weg erbrachten sonstigen Leistungen durch einen in einem anderen EU-Mitgliedstaat ansässigen Unternehmer an einen im Inland ansässigen Nichtunternehmer:

159 Ich nehme das besondere Besteuerungsverfahren („Mini-one-stop-shop") in Anspruch. Die entsprechenden Umsätze erkläre ich über die zuständige Behörde in meinem Ansässigkeitsstaat.

8. Angaben zur Beteiligung an einer Personengesellschaft/-gemeinschaft

160

161

162

163

164

(Fügen Sie bitte eine Kopie des Gesellschaftsvertrags bei!)

Hinweis: Die mit diesem Fragebogen angeforderten Daten werden aufgrund der §§ 85, 88, 90, 93 und 97 der Abgabenordnung (AO) erhoben.

165 Ort, Datum   Unterschrift des / der Steuerpflichtigen und ggf. des / der Ehegatten(in) bzw. des / der Lebens-partners(in) bzw. des(der) Vertreter(s) oder Bevollmächtigten

166 Anlagen: Teilnahmeerklärung für das SEPA-Lastschriftverfahren (Tz. 1.5)

167   Empfangsvollmacht (Tz. 1.7)

168   Aufstellung über Betriebsstätten (Tz. 2.3)

169   Handelsregisterauszug (Tz. 2.5)

170   Verträge bei Übernahme bzw. Umwandlung (Tz. 2.6)

171   Eröffnungsbilanz (Tz. 4)

172   Weitere organschaftliche Verbindungen (Tz. 7.4)

173   Gesellschaftsvertrag (Tz. 8)

174

Finanzamt

An das Finanzamt

Steuernummer

Fragebogen zur steuerlichen Erfassung

Aufnahme einer gewerblichen, selbständigen (freiberuflichen) oder land- und forstwirtschaftlichen Tätigkeit oder einer Vermietungstätigkeit

Beteiligung an einer Personengesellschaft / -gemeinschaft
– Bitte beantworten Sie nur die Fragen zu Abschnitt 1, Abschnitt 2 – nur Textziffer 2.7, Abschnitt 3 und Abschnitt 8 –

1. Allgemeine Angaben

1.1 Steuerpflichtige(r) / Beteiligte(r)

Identifikationsnummer

Religionsschlüssel:
Evangelisch = EV
Römisch-Katholisch = RK
nicht kirchensteuerpflichtig = VD
weitere siehe Ausfüllhilfe

Religion

1.2 Ehegatte(in) / Lebenspartner(in)

Identifikationsnummer

Religionsschlüssel:
Evangelisch = EV
Römisch-Katholisch = RK
nicht kirchensteuerpflichtig = VD

Religion

Stand der Ehe / Lebenspartnerschaft (Datum = TT.MM.JJJJ)

1.3 Kommunikationsverbindungen

1.4 Art der Tätigkeit (genaue Bezeichnung des Gewerbezweiges)

Steuernummer	

1.5 Bankverbindung(en) für Steuererstattungen / **SEPA-Lastschriftverfahren**

Alle Steuererstattungen sollen an folgende Bankverbindung erfolgen:

27

28

29

30 **Kontoinhaber(in)**
lt. Zeile 5   lt. Zeile 13 oder:

Personensteuererstattungen
(z.B. Einkommensteuer) sollen an folgende Bankverbindung erfolgen:

31

32

33

34 **Kontoinhaber(in)**
lt. Zeile 5   lt. Zeile 13 oder:

35 **Betriebssteuererstattungen**
(z.B. Umsatz-, Lohnsteuer) sollen an folgende Bankverbindung erfolgen:

36

37

38

39 **Kontoinhaber(in)**
lt. Zeile 5   lt. Zeile 13 oder:

Möchten Sie am **SEPA-Lastschriftverfahren**, dem für beide Seiten einfachsten Zahlungsweg, teilnehmen?

40   Ja. Das ausgefüllte SEPA-Lastschriftmandat ist beigefügt.

41 **1.6 Steuerliche Beratung**   Nein   Ja

42

oder

43

44

45

46

47

Kommunikationsverbindungen

48

49

50+

73

Steuernummer	

1.7 Empfangsbevollmächtigte(r) für alle Steuerarten

51 Die unter 1.6 angegebene steuerliche Beratung ist empfangsbevollmächtigt. Die gesonderte Vollmacht ist beigefügt.
oder

52

oder

53

54

55

56

57

Kommunikationsverbindungen

58

59

60 Die gesonderte **Vollmacht** für Zeile 52 oder 53 ist beigefügt

1.8 Bisherige persönliche Verhältnisse

61 Falls Sie innerhalb der letzten 12 Monate zugezogen sind:

62

63

64

65

Waren Sie (oder ggf. Ihr(e) Ehegatte(in) / Lebenspartner(in)) in den letzten drei Jahren für Zwecke der Einkommensteuer steuerlich erfasst?

66 Nein   Ja

67

2. Angaben zur gewerblichen, selbständigen (freiberuflichen) oder land- und forstwirtschaftlichen Tätigkeit oder einer Vermietungstätigkeit

2.1 Anschrift des Unternehmens

68

69

70

71

72

73

74

75

Kommunikationsverbindungen

76

77

78

Steuernummer

79 | **2.2 Beginn der Tätigkeit** | (TT.MM.JJJJ)

2.3 Betriebsstätten

80 | Werden in mehreren Gemeinden Betriebsstätten unterhalten? Nein

lfd. Nr.

81 | Ja **0 0 1**

Bezeichnung

82

Anschrift - Straße

83

Hausnummer Hausnummerzusatz Anschriftenzusatz

84

Postleitzahl Ort

85

Telefon

86 | lfd. Nr. **0 0 2**

Bezeichnung

87

Anschrift - Straße

88

Hausnummer Hausnummerzusatz Anschriftenzusatz

89

Postleitzahl Ort

90

Telefon

91 | Bei mehr als zwei Betriebsstätten: Gesonderte Aufstellung ist beigefügt.

92 | **2.4 Kammerzugehörigkeit (Handwerks- / Industrie- und Handelskammer)** Ja Nein

2.5 Handelsregistereintragung

93 | Ja, seit Nein Eine Eintragung ist beabsichtigt.

94 | Bitte Handelsregisterauszug beifügen! Antrag beim Handelsregister gestellt

95 | beim Amtsgericht am (TT.MM.JJJJ)

Ort

96

Registernummer

97

2.6 Gründungsform (Bitte ggf. die entsprechenden Verträge beifügen!) (Datum = TT.MM.JJJJ)

98 | Neugründung zum Verlegung zum

99 | Übernahme (z.B. Kauf, Pacht, Vererbung, Schenkung) zum Umwandlung / Einbringung / Verschmelzung zum

Vorheriges Unternehmen / Firma

00

oder Name

01 | Vorname

02 | Straße

03 | Hausnummer Hausnummerzusatz Anschriftenzusatz

04 | Postleitzahl Ort

05 | Finanzamt

06 | ggf. Umsatzsteuer-Identifikationsnummer

2014FsEEU014 2014FsEEU014

75